ambientes con luz
atmospheres with light

autores / *authors*
Fernando de Haro & Omar Fuentes

diseño y producción editorial
editorial design & production
AM Editores S.A. de C.V.

dirección del proyecto / *project managers*
Carlos Herver Díaz, Ana Teresa Vázquez de la Mora
y Laura Mijares Castellá

coordinación / *coordination*
Ana Lydia Arcelus Cano, Cristina Gutiérrez Herce
y Alejandra Martínez-Báez Aldama

coordinación de preprensa / *prepress coordination*
José Luis de la Rosa Meléndez

texto original / *original text*
Abraham Orozco

traducción / *translation*
Aline Bénard Padilla

AMBIENTES CON LUZ
ATMOSPHERES WITH LIGHT
© 2014
Fernando de Haro & Omar Fuentes
14 13 12 11 10 9 8 7 6 5 4 3 2 1

ISBN: 978-607-437-262-5

Ninguna parte de este libro puede ser reproducida, archivada o transmitida en forma alguna o mediante algún sistema, ya sea electrónico, mecánico o de fotorreproducción sin previa autorización de los editores.

No fragment of this book may be reproduced, stored or transmitted by any way or by any means or system, either electronic, mechanical or photographic without prior authorization from the publishers.

Publicado por **AM Editores S.A. de C.V.**
Paseo de Tamarindos No.400 B suite 109,
Col. Bosques de las Lomas C.P. 05120,
México D.F.
Tel. 52(55) 5258-0279
E-mail: ame@ameditores.com
www.ameditores.com

Publicado por **Númen**, un sello editorial
de Advanced Marketing S. de R.L. de C.V.
Calzada San Francisco Cuautlalpan No.102
Bodega "D", Col. San Francisco Cuautlalpan,
C.P. 53569, Naucalpan de Juárez,
Estado de México.

Impreso en China. *Printed in China.*

Contenido • *Contents*

Luz Decorativa
Decorative Light

Luz de Acento
Accent Light

Luz Indirecta
Indirect Light

6

18

42

Luz Decorativa
Decorative Light

Cuando se trata de definir el proyecto de iluminación artificial de una casa, es recomendable contar con una combinación de luces de calidades y tonalidades distintas, así como varios tipos de luminarias, ya sea suspendidas, empotradas o de mesa, que ayuden a crear distintos ambientes en un mismo espacio. Este recurso permite jugar con claroscuros e iluminar alternadamente zonas específicas de la habitación. Tan importante como la calidad de la luz es la selección del diseño de las propias lámparas, así como de las cubiertas y pantallas que matizan su luz puesto que este tipo de elementos complementan la decoración.

When it comes to defining the household's artificial illumination projects, it is highly recommended to achieve a combination of different lights and tones with different types of lamps -either suspended, embedded or on a table-, which help create different environments within the same space. This resource allows us to play with chiaroscuros and illuminate specific areas of the room in alternate ways. The selection of lamp designs is as important as the quality of light, as well as choosing lamp covers and screens that match with it, for these kinds of elements complement home interior decoration.

Luz de Acento
Accent Light

Las luces empotradas descendientes sobre el muro y convenientemente dirigidas permiten acentuar texturas o colores muy atractivos; la calidad de las pinturas y de las obras de arte u objetos decorativos. Las luces ascendentes, ancladas al piso, son ideales para acentuar asimismo los detalles de una escultura, el diseño de un mueble o determinadas estructuras arquitectónicas. La luz de acento se utiliza frecuentemente en el cuarto de baño o sobre la mesa del comedor.

The embedded lights, conveniently pointed downwards along the walls, highlight textures and very attractive colors; the quality of paintings, works of art or decorations. Ascending lights anchored to the floor are ideal for enhancing the details of a sculpture, the design of furniture or certain architectural structures. Accent lights are frequently used in the bathroom or over the dining table.

Luz Indirecta
Indirect Light

El trazo de los ejes rectos, definidos por la estructura arquitectónica, se acentúa a través de líneas de luces ocultas en el plafón, que bañan los muros y aportan una atmósfera de gran calidad visual. Una luminosidad suave y discreta se extiende por todo el espacio creando un ambiente tranquilo y relajante que también puede complementarse con la luz natural. La luz indirecta se usa frecuentemente para alumbrar pasillos y escaleras, y en muchas ocasiones para evitar los reflejos en los espejos del cuarto de baño o para iluminar el área de trabajo en la cocina, espacios donde, además, se convierte en un elemento de la decoración.

Tracing straight lines defined by the architectural structure can be highlighted through rows of lights hidden in a false ceiling. They bathe the walls and supply an atmosphere of great visual quality. A soft and discreet lighting occupies the space in its whole, while creating a quiet and relaxing environment, which can be complemented with natural light. Indirect light is frequently used to lighten hallways and stairs and, in many occasions, to avoid reflections on mirrors in the bathroom, or illuminate the kitchen working area, where it also becomes a decorative element.

Pg.	ARQUITECTOS *architects*	FOTÓGRAFOS *photographers*
3	Fernando de Haro, Jesús Fernández, Omar Fuentes y Bertha Figueroa	Leonardo Palafox
6 - 7	Fernando de Haro, Jesús Fernández, Omar Fuentes y Bertha Figueroa	Jorge Silva
8 - 11		© Beta-Plus Publishing
12 - 13	Fernando de Haro, Jesús Fernández, Omar Fuentes y Bertha Figueroa	Jorge Silva
14 - 15		© Beta-Plus Publishing
16 - 17	Andrés Saavedra	Leonardo Palafox
18 - 19	Juan Pablo Serrano O. y Rafael Monjaraz F.	Jaime Navarro
21	Gilberto L. Rodríguez	Jorge Taboada y Alejandro Rodríguez
22 - 23		© Beta-Plus Publishing
24 - 25	Yvan Brachet	Mito Covarrubias
26		© Beta-Plus Publishing
27	Daniel Álvarez	Jorge Hernández de la Garza
28 - 29		© Beta-Plus Publishing
30	Mauricio Gutiérrez Losada y Jorge O. Vázquez Rendón	Adriana Cabrera Ochoa
31		© Beta-Plus Publishing
32 - 33	Eduardo Reims y Jorge Reims	Ricardo Janet
34	Becky Magaña y Melissa Magaña	Iván Casillas
35	Oscar Uribe Vila	Yoshihiro Koitani
36 - 37		© Beta-Plus Publishing
38	Espiñeira Imuro y Arquitectos	Ernesto Muñíz

Pg.	ARQUITECTOS *architects*	FOTÓGRAFOS *photographers*
39	Alejandro Quintanilla	Peter Myska
40 - 41		© Beta-Plus Publishing
42 - 43	Juan Lozano, Ricardo González y Jorge Olvera	Carlos A. Estrada
44 arriba / *top*		© Beta-Plus Publishing
44 abajo / *bottom*	Patricio García Muriel	Alejandra Vega
46 - 48		© Beta-Plus Publishing
49	Guillermo Almazán Cueto, Guillermo Suárez Almazán y Dirk Thurmer Franssen	Pedro Hiriart
50 - 53		© Beta-Plus Publishing
54 - 55	Daniel Álvarez	Jorge Hernández de la Garza
56 - 57	María Patricia Díaz de León y Elena Talavera	Cecilia del Olmo
58	Antonio Rueda Ventosa	Sófocles Hernández
59		© Beta-Plus Publishing
60 - 61	Axel Duhart	ADP